Couverture inférieure manquante

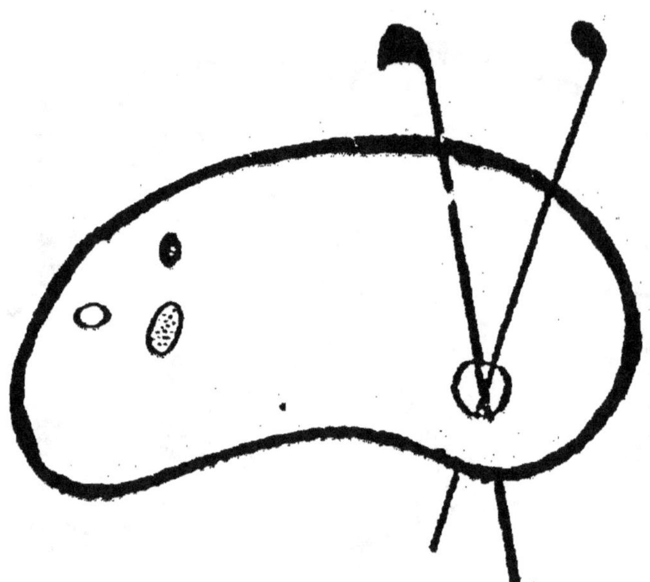

DEBUT D'UNE SERIE DE DOCUMENTS
EN COULEUR

L'INDE

SERA-T-ELLE

RUSSE OU ANGLAISE?

PAR

L. de BEYLIÉ

CAPITAINE BREVETÉ AU 2ᵉ RÉGIMENT D'INFANTERIE DE MARINE

PARIS

BERGER-LEVRAULT ET Cⁱᵉ, LIBRAIRES-ÉDITEURS

5, rue des Beaux-Arts, 5

MÊME MAISON A NANCY

—

1884

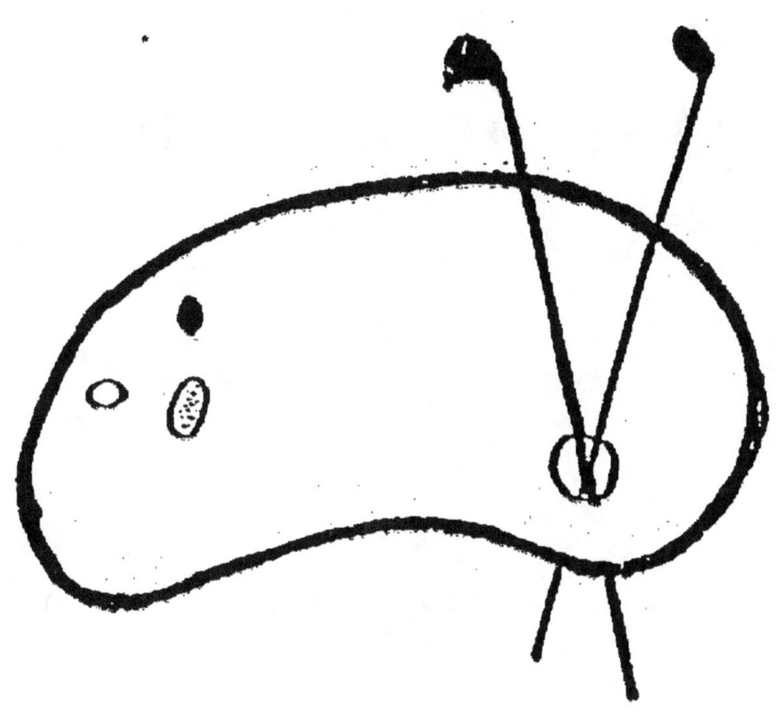

FIN D'UNE SERIE DE DOCUMENTS
EN COULEUR

L'INDE

SERA-T-ELLE

RUSSE OU ANGLAISE ?

PAR

L. de BEYLIÉ

CAPITAINE BREVETÉ AU 2ᵉ RÉGIMENT D'INFANTERIE DE MARINE

PARIS

BERGER-LEVRAULT ET Cⁱᵉ, LIBRAIRES-ÉDITEURS

5, rue des Beaux-Arts, 5

MÊME MAISON A NANCY

—

1884

A MON CHER AMI

ET COMPAGNON DE VOYAGE

LE COMTE JEAN DE PONTEVÈS DE SABRAN

Capitaine au 1ᵉʳ régiment de hussards

L'INDE

RUSSE OU ANGLAISE ?

Les Russes et les Anglais ne sont plus séparés aujourd'hui que par l'Afghanistan et uniquement par ce pays. Si l'Afghanistan pouvait rester neutre ou possédait un gouvernement assez fort pour éviter les révoltes intérieures et faire la police de ses frontières, la situation respective des Russes et des Anglais pourrait rester longtemps la même ; mais il n'en n'est pas ainsi. Les tribus afghanes sont en révolte continuelle, l'émir est sans autorité, certains districts, tels que celui de Hérat, sont absolument indépendants, Russes et Anglais peuvent donc se trouver amenés, malgré eux, et surtout le voulant bien, à s'immiscer dans les affaires afghanes, soit pour réprimer le brigandage sur les frontières, soit pour toute autre cause.

Ces interventions des uns et des autres se traduiront toujours par une demande d'indemnité pécuniaire ou territoriale qui, si elle est accordée, peut provoquer les protestations de la part de la puissance rivale. Les conflits sont donc inévitables. Ils le sont d'autant plus que la Russie a tout intérêt à atteindre l'Indus. Le jour, en effet, où elle aura pris pied sur ce fleuve, les 250 millions d'habitants de l'Inde, se voyant soutenus, prendront les armes contre les Anglais dans l'espoir de reconquérir leur ancienne indépendance. De fait, ils changeront de maîtres et seront plus durement exploités par les Russes que par les Anglais.

Beaucoup de personnes, il est vrai, prétendent que la Russie n'a que faire de l'Inde, qu'elle est trop éloignée de ce pays pour en tirer profit et y écouler ses produits, qu'enfin la difficulté des moyens de transport ne lui permettrait en aucun cas de faire vivre une armée dans la région comprise entre la mer Caspienne et l'Indus.

A cela nous répondrons :

1° Que la Sibérie est encore plus éloignée de la Russie que l'Inde ; cependant les Russes n'ont jamais songé à l'abandonner ;

2° Qu'il serait au moins singulier que les Russes aient fait la conquête du Turkestan, uniquement pour régner sur quelques oasis dont l'occupation coûte 23 millions par an, tandis qu'à côté de cette zone à peu près déserte, se trouve un pays comme l'Inde dont le revenu annuel est de *deux milliards* ;

3° Que l'exploitation de l'Inde par la Russie ne se conçoit pas sans un chemin de fer ; ce jour-là, la question des distances n'aura plus sa raison d'être ;

4° Que les ports de la mer Noire sont moins éloignés de l'Inde, même en passant par le canal de Suez, que les ports anglais ;

5° Qu'en élevant les droits d'entrée pour les marchandises étrangères, la Russie pourra écouler ses produits au prix qu'elle voudra.

Reste la dernière objection : « Jamais les Russes, grâce aux difficultés de transport, ne pourront conduire, pratiquement, une armée dans l'Inde. » Nous verrons plus tard ce qu'il faut penser de cette objection qui peut être à peu près vraie aujourd'hui, mais qui ne le sera plus dans quelques années.

Le but du présent opuscule est d'étudier les moyens d'action de la Russie et de l'Angleterre sur le théâtre d'opérations de l'Afghanistan et de déterminer, autant que possible, avec les moyens d'information dont nous disposons, quelles seraient les chances de l'une ou l'autre de ces deux puissances dans le cas où la guerre éclaterait entre elles, et entre elles seules, dans cette partie du monde.

DESCRIPTION DE L'AFGHANISTAN

L'Afghanistan est d'une étendue à peu près égale à celle de l'Allemagne ; il est borné au Nord par le Turkestan, à l'Ouest par la Perse, au Sud par le Bélouchistan, à l'Est par l'Inde ; ses frontières sont purement conventionnelles et fort mal délimitées.

Le pays est couvert de montagnes dénudées, se rattachant, par un système de rameaux, aux deux chaînes principales qui forment une sorte de rempart naturel au Nord et au Sud. La dorsale, au Nord, qui n'est qu'une ramification de l'Hindou-Kouch, prend, en s'avançant vers l'Ouest, les noms de Kolibaba et Parapomisus et a des altitudes de 3,000 à 5,000 mètres. La chaîne du Sud, parallèle à l'Indus, dont elle est distante de 100 kilomètres environ, porte le nom de monts Soliman et atteint une hauteur moyenne de 3,000 à 3,500 mètres.

Ces deux dorsales prennent naissance au point de jonction du plateau de Pamir et de l'Himalaya et forment entre elles un angle à peu près droit.

L'écoulement des eaux de cette région montagneuse se fait dans les trois bassins de l'Amou-Daria au Nord, de l'Helmund au Sud, et de l'Indus à l'Est.

1° Bassin de l'Amou-Daria. — Dans le bassin de l'Amou-Daria aucune rivière n'atteint ce fleuve qui, lui-même, est situé en dehors des frontières de l'Afghanistan et va se jeter dans la mer d'Aral. Les rivières importantes sont :

a. — Le Mourgab, qui descend du massif du Parapomisus, coule du Sud au Nord, arrose Merw et se perd dans les sables. Cette rivière ouvre une mauvaise route de Merw sur Hérat.

b. — L'Heri-Rood, qui prend naissance dans le même massif que le Mourgab, coule de l'Est à l'Ouest, passe près de Hérat, puis tourne brusquement au Nord, traverse les hautes montagnes de l'Afghanistan par une étroite et longue coupure, et se perd au delà de Sarraks dans les mêmes conditions que la rivière précédente. L'Heri-Rood ouvre la principale voie d'accès du Turkestan dans l'Inde par Hérat.

2° Bassin de l'Helmund. — L'Helmund coule de l'Est à l'Ouest, puis se dirige au Sud et sert quelque temps de frontière à l'Afghanistan avant de se jeter dans les marais d'Hamoun, où il disparaît.

Cette rivière est navigable sur une partie de son parcours. Elle n'est plus guéable à partir de Giriks.

3° Bassin de l'Indus. — L'Indus est navigable sur presque toute son étendue et spécialement dans la partie qui nous intéresse, d'Attek à la mer. Ce fleuve est trop connu pour que nous entrions à son sujet dans quelques détails ; il reçoit à droite la rivière torrentueuse de Caboul qui n'est ni navigable ni flottable.

La passe de Khyber donne accès dans cette vallée ; elle est suivie par la route Peschawer-Caboul.

L'Indus reçoit également d'autres cours d'eau peu importants qui ouvrent des passages secondaires dans la muraille des monts Soliman.

Population. — La population de l'Afghanistan est de 6 millions d'habitants, mais le peu de sécurité dont on jouit dans ce pays fait que toute la vie est concentrée dans les villes ou bourgs et que la campagne proprement dite est déserte et inculte. Pour les mêmes raisons, les villages sont très considérables (2,000 à 3,000 âmes environ) et sont fortifiés.

Les principales villes sont : Caboul, 60,000 habitants; Candahar, 50,000 habitants; Hérat, 50,000 habitants; Maimené, 18,000 habitants; Balk, 17,000 habitants; Khoulm, 15,000 habitants; Khelat-i-Ghilçaï, 10,000 habitants.

Ces points sont tous des nœuds de routes importants servant de centre et de magasin aux campagnes environnantes.

Communications. — Nous avons déjà vu que les cours d'eau ne sauraient être rangés parmi les moyens de communication. Nous ne parlerons donc que des routes ou plutôt des lignes de caravane. Celles-ci sont rares ; elles suivent les grandes dépressions de terrain et le cours des rivières.

Nous étudierons d'abord les routes qui mettent en communication directe l'Inde et l'Asie centrale, puis les voies transversales qui relient ces routes entre elles.

1° Routes de l'Inde à l'Asie centrale. — Les routes réellement praticables sont au nombre de deux, savoir :

a. — *Route : Schikarpur-Quetta-Candahar-Hérat-Sarraks.*

Une voie ferrée a été établie, à travers la passe de Bolan, de Schikarpur (sur l'Indus) à Quetta ; de Quetta, dernier poste anglais, à Candahar, il y a 250 kilomètres ; de Candahar à Hérat il y en a 680[1]. Candahar est un centre d'approvisionnement et un nœud de routes très important; il a été occupé par les Anglais en 1878, puis abandonné après la conclusion de la paix ; aujourd'hui, sous la pression de l'opinion publique, le gouvernement paraît décidé à réoccuper la ville.

A partir de Candahar, la route suit le pied des montagnes,

---

1. Les distances varient considérablement suivant les auteurs.

atteint l'Helmund à Giriks, seul point guéable, traverse un pays difficile et presque désert et atteint enfin Hérat.

Cette ville, dont on veut faire dépendre le sort de l'Inde, se trouve au milieu d'une vallée large et fertile; on pourrait y faire vivre une armée de près de 100,000 hommes. La ville proprement dite n'a que 50,000 habitants, mais les plaines environnantes sont peuplées, bien cultivées, irriguées et les montagnes voisines possèdent d'immenses troupeaux. La province d'Hérat a 1,500,000 habitants.

De Hérat, plusieurs routes conduisent dans l'Asie centrale; la meilleure et, on peut presque dire, la seule praticable, suit le cours de l'Heri-Rood et débouche à Sarraks (370 kilomètres), premier poste russe. Elle n'est certainement pas carrossable, mais elle n'exigerait pas grand travail pour le devenir. De Sarraks, on peut atteindre sans difficultés la mer Caspienne ou Merw.

De Sarraks à Merw, il y a 250 kilomètres. De Hérat, on peut encore se diriger sur Merw par le Parapomisus qu'on franchit en deux points et la vallée du Mourgab. Cette route est très difficile.

Enfin, une bonne route se dirige de Hérat sur Maimené et de là sur Balk ou Boukhara.

Les Russes occupent actuellement Sarraks, Merw et menacent Balk. Sarraks est à 600 kilomètres de Kizil-Arvat, station terminus du chemin de fer de la mer Caspienne, à 300 kilomètres d'Askabad qui est relié par une belle route carrossable à Kizil-Arvat, et à 370 kilomètres de Hérat. Toute la plaine, sur une bande assez étroite, il est vrai, arrosée par le Tedjend, est fertile et se prêterait, au besoin, au cantonnement de corps de troupes ne dépassant pas 4,000 ou 5,000 hommes. Sarraks en lui-même est un simple poste coupé en deux par le Tedjend; la rive gauche appartient à la Perse, la rive droite à la Russie.

Merw est une oasis immense de 250,000 à 300,000 habitants;

elle est bien arrosée ; le sol est d'une grande fertilité et produit en grande quantité des céréales et des fourrages. On y compte 160,000 moutons, 7,800 chameaux, 12,000 chevaux, 2,400 ânes, 2,800 têtes de bétail. Merw est donc un centre considérable de ravitaillement ; c'est en outre un nœud de routes important. Là débouchent les routes de Khiva, Boukhara, Samarcande, Hérat et Sarraks, c'est-à-dire du Turkestan et de l'Afghanistan. Mais on aurait tort de considérer ce point comme la clef de l'Inde. Le simple examen de la carte suffit pour s'en rendre compte. Merw est en dehors de la voie pratique qui joint la Russie à l'Inde. Nous ajouterons qu'on abuse singulièrement, en ce qui concerne l'Inde, de l'appellation *clef*. Il y a autant de clefs de l'Inde que d'étapes pour s'y rendre [1].

En résumé, la grande voie d'invasion de la Russie dans l'Inde est la route qui, partant de Michaïlow (port de la mer Caspienne), longe la frontière nord de la Perse, atteint Sarraks, dernier poste russe, et de là se dirige sur l'Inde par Hérat, Candahar, Quetta, Schikarpur. Les points de départ de ces lignes ferrées : Michaïlow, Schikarpur, finiront par se rejoindre dans le centre de la région afghane. Michaïlow communique avec le réseau russe par la ligne de bateaux de la Caspienne (traversée de 16 heures par Bakou) et, d'autre part, Schikarpur fait partie du réseau des voies ferrées de l'Inde.

La grande voie d'invasion dont nous venons de parler est longée parallèlement, plus au Sud, par une autre route partant d'Achoum-Ada, port russe de la mer Caspienne, et se dirigeant sur Hérat par Asterabad et Meschcd. Cette route serait très importante pour le ravitaillement des colonnes russes opérant dans

---

1. Les troupes russes mettraient deux mois *de plus* pour atteindre Hérat en passant par le Turkestan et Merw que par la voie de la mer Caspienne, Kizil-Arbat, Sarraks. Il paraît en outre difficile, sinon impossible, étant donné le mode des transports, de faire mouvoir dans le désert une troupe d'un effectif de 10,000 hommes.

l'Afghanistan. Elle appartient, il est vrai, à la Perse, mais il ne faut pas oublier que ce dernier pays est absolument acquis à l'influence russe

b. — *Route de Attok (sur l'Indus), Peschawer-Caboul-Khoulm-Balk (avec bifurcation sur Hérat).*

Cette route est suivie de préférence par les caravanes de la haute Asie. Son point initial, en partant de l'Inde, est Peschawer, dernière station des chemins de fer anglais ; de ce point, la route pénètre dans la vallée de Caboul par le défilé de Khyber et atteint (298 kilomètres) la ville de Caboul, résidence actuelle de l'émir. Le seul obstacle qu'on rencontre sur cette route est le défilé de Khoord-Caboul, à 30 kilomètres au Sud de la capitale.

Toute cette première section de la route est commode, offre de nombreuses ressources et a été suivie à plusieurs reprises par les armées anglaises. Au delà de Caboul, la route franchit une passe difficile (3,500 mètres d'altitude), située entre l'Hindou-Kouch et le Kolibaba. Cette route est praticable une partie de l'année, même pour l'artillerie, hormis pendant trois mois d'hiver.

A Khoulm (15,000 habitants), elle se bifurque sur Maimené et Balk.

La transversale Khoulm-Maimené-Hérat est très importante ; la route se trouve dans des conditions relativement bonnes de viabilité et permettrait à la Russie, maîtresse de Hérat, de faire une diversion sur Caboul.

Le point terminus de la grande voie commerciale que nous venons de citer est Balk, ville de 17,000 habitants. De ce point, on peut rayonner dans tout le Turkestan et atteindre l'Amou-Daria qui est navigable, pour les bateaux à vapeur, de Kerki à la mer d'Aral.

En dehors des deux grandes voies *Merw-Hérat-Candahar-Quetta* et *Balk-Caboul-Peschawer*, il n'existe pas de routes réel-

lement praticables. Nous ne citerons que pour mémoire le chemin de Koudouz à Caboul en suivant le cours du Pendjir.

2° Routes transversales. — Il n'existe que deux routes reliant
entre elles les deux grandes artères indo-asiatiques que nous
venons d'étudier, ce sont :

1° La route *Khoulm-Maimené-Hérat,* dont il a déjà été question et que nous savons être bonne ;

2° La route de Candahar à Caboul.

Cette route, qui passe par Ghuzni et Kelat-i-Ghilzaï, au fond
d'un couloir de 550 kilomètres de longueur, est facile à parcourir
en été, mais les piétons seuls peuvent franchir le défilé de Sher-
Degan, près de Caboul, pendant les 4 mois d'hiver.

Cette route a été suivie par les armées anglaises dans toutes
leurs guerres dans l'Afghanistan. Trois routes secondaires mettent en communication la vallée de l'Indus avec la route Candahar-Caboul, à travers les défilés des monts Soliman. Elles ont joué
un rôle dans la dernière campagne.

Climat et productions. — L'Afghanistan, dans les quatre
cinquièmes de son étendue, est un pays de rochers et de montagnes, entremêlé çà et là de vallées fertiles et bien arrosées, mais
n'offrant en maint endroit que des plaines élevées, froides, arides
et couvertes de maigres pâturages où vivent cependant de nom-
breux troupeaux.

La sécheresse est le trait dominant du climat, ainsi que les extrêmes de température suivant les saisons, le froid étant habituel-
lement rigoureux là où, pendant l'été, les chaleurs sont excessives.

Les productions sont analogues, dans les parties élevées, à
celles de l'Europe. Elles consistent en blé, vigne, maïs, etc....
Les Afghans se livrent également avec succès à l'élevage des
bestiaux, chevaux, chameaux, ânes, moutons. La laine est leur
principale industrie. Tout cela s'écoule peu en dehors du pays,
les communications étant rares et difficiles. Les transports se font

à dos de chameaux, ce qui est une difficulté de plus. Enfin, les caravanes ont à craindre l'hostilité constante des habitants qui ne vivent, en dehors des villes, que de vols à main armée. Ces tribus énergiques peuvent à un moment donné, si elles ne sont pas gagnées à prix d'argent, enlever les convois et créer de réels embarras à une armée européenne. Elles paraissent en ce moment acquises à la Russie et elles espèrent que cette puissance les conduira au pillage de l'Inde.

Nous arrêtons ici cette description sommaire de l'Afghanistan sans donner d'autres détails sur le gouvernement, l'administration et l'armée. Le gouvernement n'existe pour ainsi dire pas, et nous savons que le pouvoir de l'émir se réduit à peu de chose ; l'armée, en tant qu'armée régulière, se compose de quelques régiments organisés à l'européenne, mais la vraie force du pays réside dans l'esprit belliqueux de toutes les tribus des montagnes. Celles-ci peuvent facilement mettre sous les armes 100,000 irréguliers, plus ou moins bien armés, mais qui n'en formeront pas moins un appoint considérable pour la puissance qui saura les gagner à sa cause.

L'armée régulière peut être estimée à 45,000 hommes et 300 canons.

FORCE DE L'ARMÉE ANGLAISE

DANS L'INDE

Nous allons établir sur des chiffres qui proviennent tous de documents officiels les forces actuelles de l'armée anglaise dans l'Inde. Nous avons pensé qu'il convenait de donner quelques détails à ce chapitre pour bien mettre en relief la puissance d'une armée dont la composition et surtout l'effet utile sont généralement peu connus. Nous serons beaucoup plus bref sur l'armée russe dont les moyens d'action, en tant que puissance continentale, sont presque illimités.

L'armée des Indes se compose des trois armées du Bengale, de Bombay, de Madras et d'un corps d'armée de toutes armes, à peu près indépendant, appelé armée du Pundjab et qui est spécialement chargé de la garde des frontières Est et Nord-Est. Ces trois armées, tout en ayant leurs chefs distincts, dépendent pour certains détails et spécialement en ce qui concerne la discipline, du chef de l'armée du Bengale.

Chaque armée se divise elle-même en troupes européennes et en troupes indigènes.

Les premières ne comprennent que des éléments européens et se composent de régiments d'infanterie, de cavalerie et de batteries d'artillerie envoyés par la mère-patrie pour effectuer un certain temps de service aux Indes. Ce temps varie suivant les armes; il peut atteindre 16 ans, mais le mouvement en personnel est calculé de telle sorte que chaque officier ou soldat ne reste, s'il le désire, que 8 ans dans la colonie. En pratique, la moitié de

— 16 —

l'armée active anglaise est constamment employée à l'extérieur; chaque régiment détaché laisse en Angleterre, suivant l'arme, soit un bataillon, soit un dépôt.

Les troupes indigènes sont entièrement recrutées dans le pays et sont de valeur très diverse. Chaque régiment comprend un cadre européen de 7 à 9 officiers environ. Tout le reste est indigène, y compris les officiers subalternes et les sous-officiers.

L'armée indigène comprend des troupes de toutes armes, mais l'artillerie est peu représentée; elle n'a que 7 batteries. On a jugé plus prudent de ne pas apprendre aux Indiens la manœuvre du canon.

TABLEAU D'EFFECTIF.

	Armée de BOMBAY.	Armée de MADRAS.	Armée du BENGALE.	Armée du PENDJAB.	Autres troupes non endivisionnées.	TOTAL général.
Troupes européennes.						
Régiments d'infanterie .	9	9	32	»	»	50
— de cavalerie .	1	2	6	»	4	9
Batteries d'artillerie . .	19	16	43	»	4	82
Compagnies du génie . .	1	1	»	»	»	2
Troupes indigènes.						
Régiments d'infanterie .	26	32	40	10 / 1 (guides)	11	120
— de cavalerie .	8	1	17	1 (guides)	6	36
Batteries d'artillerie . .	2	»	»	5	»	7
Compagnies du génie . .	5	10	10	»	»	25
Nombre total d'hommes .	36,380	40,682	97,000			174,062

Dans le présent tableau, nous avons parfois porté comme régiments des unités qui ont d'autres dénominations, mais dans la colonne des totaux nous n'avons tenu compte que de l'effectif réel.

Les régiments d'infanterie se composent d'un seul bataillon de 820 à 850 hommes; ceux de cavalerie de 3 escadrons formant un total de 430 à 500 chevaux. Les batteries d'artillerie ont 6 pièces et environ 150 hommes. Les régiments indigènes ont des effectifs un peu inférieurs.

Les chiffres varient quelque peu chaque année, suivant les sommes votées au budget.

L'armée de l'Inde est constamment tenue sur le pied de guerre.

L'armée anglaise se compose donc de 174,000 hommes, dont 60,000 Européens et 115,000 indigènes. A ces chiffres, il convient d'ajouter 9,000 volontaires environ, sorte de garde nationale européenne purement locale, ce qui donne un total de 183,000 hommes.

On grossit parfois ces totaux en y faisant figurer 150,000 hommes de la police et 300,000 hommes de troupes appartenant aux princes indépendants.

Or, sur les 150,000 hommes de la police, 50,000 seulement sont armés de fusils et les Anglais avouent eux-mêmes qu'il ne faudrait à aucun prix compter sur ces derniers.

Quant aux princes indépendants, il faut avoir vu leurs armées pour s'en faire une idée. Ce sont des troupes de parade et les Anglais se chargent, au besoin, de les armer avec les vieilles armes du commencement de ce siècle qui leur restent en magasin.

Nous négligerons donc ces dernières quantités qui ne sauraient être prises au sérieux. Les 174,000 hommes de troupes actives ne sont pas réparties au hasard. 33,000 hommes environ sont stationnés sur la frontière de l'Afghanistan, de Kurrachies à Peschawer, à proximité des voies ferrées et devant se tenir prêts à marcher au premier signal; sur ce chiffre, il y a un tiers d'Européens, soit 12,000 hommes. 40,000 hommes environ se trouvent échelonnés le long de la voie ferrée de Lahore à Calcutta, leur centre faisant face au Népaul et surveillant le royaume d'Aoude.

Que valent ces troupes ?

Mettons tout d'abord hors de cause les 60,000 hommes de troupes anglaises proprement dites, c'est-à-dire les troupes européennes ; celles-ci sont admirables sous tous les rapports. Mais il n'en est plus ainsi des troupes indigèn... Seuls , les Sicks, les Goorkas et les Pathans ont quelque valeur et sont en état de se mesurer avec des troupes européennes. Cela forme un total de 25,000 hommes environ.

Le reste n'est bon qu'à garder les routes de l'intérieur et à maintenir l'ordre.

Or, dans le cas d'une guerre sur les frontières avec une nation européenne, il se produirait ce phénomène extraordinaire que 30,000 hommes à peine, Anglais et indigènes compris, pourraient être dirigés sur le point menacé ; le reste serait employé à surveiller les grands centres et les pays voisins.

Nous verrons dans un chapitre suivant le chiffre des renforts que l'Angleterrre est susceptible d'envoyer dans l'Inde, les conditions dans lesquelles s'effectuera la mobilisation, enfin le chiffre total des troupes qui pourront être mises en ligne sur le théâtre d'opérations qui nous occupe.

---

1. Les Goorkas proviennent du Népaul, mais leur recrutement se fait avec d'extrêmes difficultés aujourd'hui. Il y en a 5 régiments. Les Sicks habitent la région de Lahore ; ils ont une religion partie mahométane et partie brahmine. Les Pathans sont de race afghane.

FORCE DE L'ARMÉE RUSSE

DU CAUCASE ET DU TURKESTAN

L'effectif budgétaire de l'armée russe est de 840,000 hommes en temps de paix. Cet effectif peut être porté à 5 ou 6 millions en temps de guerre.

Ces troupes sont réparties dans tout l'empire, mais spécialement dans la Russie d'Europe.

Les troupes du Caucase et du Turkestan forment deux armées spéciales ayant, même en *temps de paix, des effectifs renforcés*[1]. Nous ne nous occuperons que de ces deux armées qui seules auraient à intervenir, au début, dans un conflit russo-anglais en Afghanistan.

L'armée du Caucase comprend :

2 corps d'armée d'infanterie.	87,000[b]
3 divisions de cavalerie.	
2 brigades de cavalerie indépendante	12,000
16 batteries de 8 pièces (368 pièces)	6,900
Équipages de pont, artillerie de forteresse, génie, parc de siége de 200 pièces	3,000
Total.	108,900

soit, en nombre rond, 109,000 hommes.

En temps de guerre, ces chiffres seraient rapidement augmentés par l'arrivée des réserves.

---

1. Ces effectifs tiennent le milieu entre les effectifs de paix et ceux de guerre.

On obtiendrait ainsi en plus :

Infanterie	30,000[b]
Cavalerie irrégulière.	12,000
Troupes locales.	5,000
Total.	47,000

Le Turkestan, dont l'action dans une guerre asiatique doit être comptée, possède en tout temps environ 28,000 hommes.

Total des deux armées (Caucase et Turkestan) :

Temps de paix	136,000[b]
Temps de guerre.	183,000

En réalité, le voisinage de la Turquie et l'insubordination des musulmans du Caucase obligeraient la Russie à ne disposer que de la moitié de ses troupes régulières.

Enfin, les peuplades du Turkestan, et spécialement les Tekkés, bien que non enrégimentées, fourniraient en temps de guerre (bien qu'à peine soumises) plus de 120,000 cavaliers irréguliers.

Nous avons dit que l'Afghanistan, complétement gagné à la cause russe, fournirait un contingent à peu près égal.

MOBILISATION

DES ARMÉES RUSSES ET ANGLAISES

MARCHE SUR HÉRAT

De Sarraks à Hérat, les Russes n'ont que 370 kilomètres à parcourir ; de Hérat à Quetta (premier poste anglais), la distance est double. Or, la place de Hérat et la vallée de l'Heri-Rood constituant pour la Russie une excellente base de concentration et d'approvisionnement, il a été fortement question, dans ces derniers temps, en Angleterre, de décréter l'occupation de Hérat et d'établir en ce point un camp retranché pour arrêter toute marche en avant de l'armée russe. Une décision de ce genre pouvait amener un *casus belli*. Aujourd'hui, le silence se fait un peu sur cette question, mais les craintes des Anglais subsistent, et il ne serait pas impossible, qu'après le règlement des affaires d'Égypte et de Chine, la guerre éclatât au premier mouvement en avant des Russes.

Dans les calculs logistiques et de mobilisation qui vont suivre, nous discuterons successivement deux cas :

1° La guerre est déclarée dans le courant de l'année 1884. — L'objectif des deux armées en présence est l'occupation de Hérat ; 2° la guerre est déclarée dans quelques années, après l'achèvement de la voie ferrée de la Caspienne à Sarraks.

a) **Armée russe du Caucase et du Turkestan.** — La masse de l'armée russe est stationnée à Koutaïs et Tiflis, sur la voie ferrée de Poti à Bakou. Les autres places de garnison

sont, au maximum, à 8 ou 10 jours de la voie ferrée. Ce sont:
Alexandropol, Vladi-Caucase, Pétrosk et Stavropol.

Les transports pourraient au besoin commencer le lendemain
même de la déclaration de guerre. Il ne faut pas oublier, en effet,
que l'armée du Caucase, avec ses effectifs renforcés, est en état
d'entrer en campagne sans attendre les réserves de l'intérieur de
la Russie. Soyons larges, donnons huit jours à la mobilisation des
régiments constitués à leur effectif normal sans adjonction de
réserves. En admettant que 60,000 hommes sur les 109,000 de
l'armée régulière soient seulement dirigés sur le théâtre des
opérations, tous les transports jusqu'à Bakou pourront être terminés le 26ᵉ jour de la mobilisation [1].

Le port de Bakou possède 25 quais; 50 vapeurs peuvent être
utilisés pour le transport des troupes de Bakou à Michaïlow.

De Bakou à Michaïlow il faut 20 heures, de Michaïlow à Kizil-
Arvat 7 heures (par voie ferrée), mais à partir de ce point, des
difficultés *énormes* commencent à se produire. La distance de
Kizil-Arvat à Hérat est de *950 kilomètres*; elle exige, pour être
franchie, 44 jours en faisant des étapes de 22 kilomètres.

Or, une armée de 60,000 hommes traîne à sa suite plus de
3,000 voitures; elle doit être ravitaillée au moins tous les huit
jours, et la pratique a montré qu'il est très difficile d'engager
plus de 30,000 hommes sur une même route. Que serait-ce donc
dans un pays presque désert et dont les oasis offrent à peine les
ressources suffisantes pour quelques milliers d'hommes!

Il ne serait pas impossible, toutefois, qu'une pareille armée,
avec des échelons bien disposés, et après de grands efforts, attei-
gnît Askabad, qu'une route carrossable unit dès aujourd'hui à
Kizil-Arvat; mais à partir de ce point il faudrait renoncer aux

---

1. Nous avons pris pour base les chiffres usités en Europe dans les calculs
de transports de troupes, soit 90 trains pour 30,000 hommes, à raison de
13 trains par jour pour une ligne à une voie; de Poti à Bakou, il y a deux
jours de route.

transports ordinaires et avoir recours aux transports à dos de chameaux. Il faudrait, à cet effet, de 180,000 à 220,000 chameaux ! Ce chiffre[1] montre assez la difficulté, sinon l'impossibilité pour une armée russe nombreuse d'atteindre Hérat ou l'Inde dans les conditions actuelles.

Pratiquement, les Russes pourraient diriger sur Hérat deux corps de troupes de 5,000 à 6,000 hommes environ (12,000 hommes en tout), l'un venant du Caucase l'autre du Turkestan. Chacun de ces corps aurait un convoi de près de 20,000 chameaux, chiffre qui a été atteint dans l'expédition de Skobelef sur Géok-Tépé. La réunion des convois exigerait probablement deux mois. En mettant les choses au mieux et en prenant pour base de l'une des colonnes le poste d'Askabad, point terminus de la route carrossable, cette troupe ne pourrait pas atteindre Hérat avant un mois, soit 90 jours après la réception de l'ordre de mobilisation.

Laissons de côté cette hypothèse et supposons la voie ferrée terminée jusqu'à Sarraks ; le terrain se prête merveilleusement à l'établissement d'un chemin de fer ou tout au moins d'une ou deux voies système Decauville. Dès lors les conditions changent. Le trajet de Bakou à Sarraks pourra être effectué en deux jours par un voyageur isolé et en 15 jours par une armée de 60,000 hommes.

De Sarraks, il faudra 15 jours de marche pour atteindre Hérat, ce qui présente encore de grosses difficultés. Mais la route de Sarraks à Hérat appartient en partie à la Perse qui peut, à l'instigation de la Russie, la rendre praticable. Enfin, il faut bien admettre que les guerres dans des pays semblables ne se font pas en huit jours, qu'avant de lancer 60,000 hommes sur Hérat, un corps moins considérable s'en sera emparé, que des renforts successifs lui permettront de se maintenir et que la masse des troupes russes ne sera dirigée sur Sarraks, gare de transition,

---

1. D'après le nombre de chameaux employés dans la dernière expédition.

et de là sur Hérat, que lorsque la route Sarraks-Hérat aura été améliorée et se prêtera au passage du convoi.

En résumé : 1° une armée russe de 10,000 à 12,000 hommes pourrait occuper Hérat trois mois après la déclaration de guerre ; cette armée resterait quelque temps isolée ; elle serait soutenue par plusieurs milliers de Tekkès et peut-être par les troupes régulières perses qui valent peu de chose ;

2° L'envoi à Hérat d'une armée de 60,000 hommes et la constitution en ce point d'une base d'opérations contre l'Angleterre sont liés, d'une manière *absolue*, à la construction d'un chemin de fer de Kizil-Arvat à Sarraks et, plus pratiquement, à Hérat. Dans ce dernier cas, des troupes parties de Bakou pourront arriver en deux jours et demi à Hérat. Nous assisterons donc quelque jour à deux opérations distinctes : 1° à la suite d'un démêlé avec la ville de Hérat, ce point sera occupé brusquement par des troupes russes dont les avant-postes ne sont qu'à quelques jours de marche. Il n'est même pas besoin, au premier moment, des 10,000 à 12,000 hommes dont nous avons parlé[1]. Les Anglais ne pourront absolument pas s'opposer à ce mouvement à cause de leur éloignement. Il est du reste probable qu'ils auront, à cet instant précis, des occupations ailleurs.

Deux ou trois ans après cet événement, une route carrossable ou mieux encore une voie ferrée reliera Hérat à la Caspienne et c'est alors, mais seulement alors, que les Russes, en possession d'une base solide de concentration, pourront marcher en avant et gagner avec 60,000 hommes de troupes régulières (au plus) et 200,000 Turcomans et Afghans, la base ou le relai suivant, c'est-à-dire la ligne Candahar-Caboul. Sur cette dernière ligne, l'Angleterre est en état de faire une résistance sérieuse. Puis l'Indus sera franchi et tout sera fini.

b) **Armée anglaise.** — Nous savons, d'une part, que

---

1. L'effectif des troupes russes peut être minime. Les Russes entreront à Hérat sans coup férir ; il n'en serait pas de même des Anglais.

l'armée anglaise de l'Inde est toujours sur le pied de guerre; nous savons, d'autre part, qu'une armée de 30,000 à 35,000 hommes est constamment en observation le long de la frontière de l'Afghanistan, de Kurrachies à Peschawer.

Malgré cet avantage très appréciable, la mise en marche, dans cette région, d'une armée même modeste, ne se ferait pas sans difficulté.

Nous avons ici quelques données précises. En 1878, la situation des troupes, leurs effectifs, leurs emplacements étaient les mêmes qu'aujourd'hui. Les chemins de fer, hormis les sections Jelhum-Peschawer et Sukkur-Quetta, étaient terminés. La tranquillité la plus absolue régnait dans l'Inde. Or, malgré ces circonstances exceptionnelles, l'armée d'opérations, forte de 36,000 hommes, n'a pu se mettre en marche que *60 jours* exactement après avoir reçu l'ordre de mobilisation.

La présence du reste des troupes fut jugée indispensable pour assurer les communications, maintenir l'ordre, surveiller l'armée du Népaul, le royaume d'Aoude et les troupes des princes indé-pendants, qui cependant avaient offert leurs services.

Ce retard vraiment extraordinaire dans la mobilisation d'une troupe *déjà rendue sur place*, s'explique par la difficulté qu'on eut à recruter les bêtes de somme nécessaires. En général, dans l'armée anglaise de l'Inde, le train n'est organisé qu'au dernier moment, les cadres de l'intendance ne sont complétés également qu'à la dernière heure. Enfin, l'organisation du commandement en temps de paix n'est plus la même en temps de guerre. Tout cela amène des retards et des tiraillements.

Quant aux chemins de fer, bien que dépourvus *de toute direc-tion*, ils ont assez bien fonctionné, ce qui se conçoit, du reste, quand on songe que les effectifs à transporter étaient minimes.

Bref, la grosse difficulté a été de réunir 120,000 à 130,000 cha-meaux pour assurer les divers transports. Il ne faut pas oublier non plus qu'une armée anglaise, amoureuse du confortable, ne se déplace pas sans avoir avec elle un nombre de domestiques au moins égal à son effectif. Les 36,000 hommes de 1878 étaient donc suivis de 36,000 servants, et aujourd'hui on peut considérer qu'il y aurait encore égalité entre le chiffre des non-combattants et celui des combattants. Dans le cas qui nous occupe, il nous faudrait encore tenir compte des chameliers[1].

Une armée russe ne marche pas dans les mêmes conditions et sait vivre plus modestement.

Depuis 1878, les choses n'ont pas changé; on a donné une direction militaire aux chemins de fer, croyons-nous, ou tout au moins on s'en est occupé. Mais cela est peu important[2], eu égard aux effectifs à transporter; enfin, le temps nécessaire pour la réunion des convois devant forcément atteindre deux mois, il n'y a plus lieu de tenir compte des délais exigés pour le transport de quelques milliers d'hommes sur un réseau aussi complet que celui des voies ferrées de l'Inde. Il faut quatre jours pour se rendre de Calcutta à Peschawer, il en faut cinq au maximum pour se rendre de Bombay à Quetta par Kurrachies, y compris 3 jours de mer. En cas de guerre, l'Angleterre pourra donc mettre sur pied, au bout de 60 jours, une armée de 30,000 à 35,000 hommes sur la frontière de l'Afghanistan. Une partie de ces troupes, 10,000 ou 15,000, étant nécessaire pour surveiller la vallée de Caboul, il ne resterait que 20,000 hommes pour marcher sur Hérat. Le trajet est de 950 kilomètres à partir de Quetta et exige au moins 41 jours. La route est plus que médiocre à partir de Candahar; elle offre peu

---

1. Dans les calculs relatifs au transport des troupes de l'Inde par les voies ferrées, en cas de mobilisation, le chiffre des servants est égal à celui des combattants. Voir l'ouvrage anglais: *Transports militaires dans l'Inde par voies ferrées.*

2. Nous donnons, à titre de curiosité, le nombre de trains nécessaires pour le transport des différentes unités tactiques. Les trains sont à 35 voitures. On compte 3 trains pour 1 bataillon d'infanterie anglaise; 1 train pour 1 bataillon d'infanterie indigène; 4 trains pour 1 régiment de cavalerie; 2 trains pour 1 batterie. — Tous les chemins de fer, hormis celui de Bombay à Calcutta, sont à une voie; plusieurs sont à voie étroite.

de ressources et traverse un pays constamment en insurrection.

Un corps de 20,000 hommes, alourdi par un énorme convoi (100,000 chameaux et 20,000 servants), obligé d'assurer ses derrières en laissant des garnisons aux principales étapes, ne pourrait guère se présenter avec des chances de succès devant une place comme Hérat, fortement occupée et soutenue par des milliers de cavaliers irréguliers tenant le pays. Or, comme aujourd'hui les avant-postes russes se trouvent à 15 jours de marche de Hérat (et même plus près, dit-on), les Anglais, qui s'en trouvent à 41, auraient bien des chances, dans une course de vitesse, pour arriver trop tard avec des effectifs absolument insuffisants.

Supposons cependant que l'Angleterre veuille tenter un grand effort, et fasse diriger, de Londres sur l'Inde, tous les renforts disponibles. On peut admettre que les premiers envois seront faits le 8ᵉ jour de la mobilisation, et qu'une force totale de 25,000 hommes (effectif égal à celui qui a été transporté en Égypte lors des derniers événements) débarquera à Kurrachies, à partir du 31ᵉ jour (la traversée est d'environ 23 jours, suivant la mousson). Ces troupes pourront atteindre Quetta le 34ᵉ jour, en prenant la ligne Kurrachies-Quetta. Rien ne s'opposerait donc à ce que cette armée partît en même temps que la première, les moyens de transport ayant été réunis à l'avance pour l'une et l'autre armée. Mais les mêmes raisons qui nous ont fait considérer comme impraticable la marche d'une armée de 60,000 Russes sur Hérat, par les chemins actuels, nous font rejeter l'hypothèse d'une marche de 45,000 Anglais, sur le même point. Cette opération exigerait près de 200,000 chameaux ! C'est-à-dire autant que pour une armée russe de 60,000 hommes. Enfin, il ne faut pas oublier que, de Kizil-Arvat à Hérat, les Russes manœuvreraient en pays ami, tandis que les Anglais auraient 41 jours de marche, de Quetta à Hérat, à faire en pays ennemi.

La situation respective des Russes et des Anglais ne sera pas changée d'ici quelque temps, car si, d'une part, les Anglais ont établi une voie carrossable de Quetta à Candahar (on parle même de l'infra-structure d'une voie ferrée), d'autre part, les Russes ont fait des travaux identiques jusqu'à Askabad ; or les deux points Askabad et Candahar se trouvent à peu près à égale distance de Hérat. Les deux puissances rivales auront donc fait un pas égal l'une vers l'autre.

Il semble démontré, d'après ceci : 1° qu'il est impossible, dans les conditions actuelles, aussi bien pour les Russes que pour les Anglais, de diriger une armée importante sur Hérat ; 2° que dans le cas d'envois de faibles effectifs sur le même point, la Russie aura l'avance et par suite l'avantage ; 3° que dans le cas de l'achèvement des voies ferrées projetées, la Russie aura toutes les chances pour elle, car elle pourra concentrer en quelques jours, au cœur de l'Afghanistan, une armée qui pourra dépasser l'effectif de l'armée anglaise de la quantité que l'on voudra. Le chiffre ne sera limité que par le nombre de trains de vivres transportables sur une ligne ferrée à une voie.

En d'autres termes, l'Angleterre sera battue si elle entre en lutte désormais avec la Russie, avec Hérat comme objectif. Or, une défaite pouvant gravement compromettre la sécurité de l'Inde, les Anglais sont trop pratiques pour tenter la fortune. Ils vont donc dissimuler leur mécontentement et chercher à arrêter sur une autre base le mouvement envahissant de la Russie.

Cette base paraît devoir être la ligne Candahar-Caboul. Ces deux points peuvent être reliés à l'Inde par une voie ferrée ; ils peuvent, en tous les cas, être fortement occupés et entourés d'ouvrages exigeant, du côté de l'ennemi, un parc de siège important, qu'il sera bien difficile d'amener à pied d'œuvre. Enfin, Candahar est relié à Caboul par une route que nous avons suffisamment signalée. La résistance sur une pareille ligne, à proximité et au débouché même des voies ferrées de l'Inde, à *25 jours de Londres*, peut être portée à un haut degré ; mais l'Angleterre ne se résoudra que difficilement à une pareille solution, qui la forcera à occuper la moitié de l'Afghanistan, et à augmenter au moins de 30,000 Européens ses effectifs de l'Inde. Cette reculade (car au fait ce sera une reculade), après tout le bruit fait autour de la question de Hérat, produira le plus mauvais effet dans tout l'Hindoustan. Ce ne sera du reste qu'un expédient capable, tout au plus, de retarder la crise finale.

Vienne la guerre, et nous verrons les chemins de fer de l'Inde coupés, les ponts détruits, et les Anglais en plein désarroi.

Or, pendant que les Russes marcheront sur la ligne Candahar-Caboul et, masquant ces deux places, lanceront dans l'Inde les 200,000 pillards asiatiques qui les suivent, l'admirable armée du Népaul, composée de 50,000 hommes armés à l'européenne et dirigés par des officiers russes, s'avancera dans le royaume d'Aoude, ce centre de la terrible insurrection de 1857, et donnera le signal de la révolte générale. Ce sera pour les Anglais le commencement de la fin. Mais ainsi vont les choses, tous les empires arrivent à un point culminant, puis redescendent le chemin déjà parcouru. Ce point culminant paraît atteint. L'Angleterre n'est plus en force pour garder ses trop nombreuses colonies en présence de l'appétit subit des puissances voisines. Les flottes de celles-ci grossissent, celle de l'Angleterre reste stationnaire. Les armées rivales comptent des millions d'hommes à leur effectif, l'armée anglaise n'en a pas 200,000 ! Encore, lui serait-il impossible de disposer de plus de 60,000 hommes dans une guerre continentale. Qu'est ce chiffre à notre époque !

Songe-t-on également aux pertes incalculables qu'une nation, même sans flotte importante, pourrait faire subir à l'Angleterre, en armant quelques paquebots rapides pour entraver son commerce ?

Tout cela mérite réflexion et pourrait, à un moment donné, singulièrement faciliter la tâche volontaire ou involontaire de la Russie.

Sommes-nous trop pessimiste ? L'avenir nous l'apprendra, mais il pourra bien se faire que, dans vingt ou trente ans d'ici, l'empire colonial de l'Angleterre dans l'Inde ait vécu.

———

NANCY, IMPRIMERIE BERGER-LEVRAULT ET Cie.

———

www.ingramcontent.com/pod-product-compliance
Lightning Source LLC
LaVergne TN
LVHW012105030726
842523LV00002B/735